KB203128

이름 없는 이들의
기도 모음집

| 정연복 엮음 |

시인사

이 도서의 국립중앙도서관 출판시도서목록(CIP)은 서지정보유통지원시스템 홈페이지(http://seoji.nl.go.kr)와 국가자료공동목록시스템(http://www.nl.go.kr/kolisnet)에서 이용하실 수 있습니다. (CIP제어번호: CIP2014035754)

　스무 해 가까이 하나둘 정성껏 모아두었던 이름 없는 이들의 기도문 가운데 126편을 조심스럽게 추리고 주제별로 분류하여 『이름 없는 이들의 기도 모음집』이라는 제목을 달아 독자들에게 전하면서, 작지만 나름대로 보람 있는 일을 했다는 기쁨과 함께 '아직 믿음이 깊지 못한 내가 혹시 기도문 원래의 참된 의미를 훼손하는 것은 아닌가' 하는 두려움이 앞섭니다.

　말없이 세상의 한 모퉁이를 환히 밝히는 이름 없는 들꽃이 어찌 보면 더 예쁠 수 있듯이, 이름 없는 이들의 기도문은 바로 그 '이름 없음'으로 독자들의 마음에 더 깊은 감동을 줄 수도 있지 않을까요.

　이 기도 모음집에 실린 기도문들이 이 땅의 이름 없는 신자들의 마음밭에 떨어지는 믿음의 씨앗이 되어 생활 속에 사랑의 꽃으로 피어나기를 소망합니다.

2014년 12월

엮은이 정연복

차례

15. 가족 기도

16. 삶과 죽음을 묵상하는 기도

1

찬양과 경배

주님을 찬양하라

주님!
우리의 입술을 열어주소서.

우리의 입이
당신을 찬양할 것입니다.

내가 살아 있는 동안
주님께 노래할 것입니다.

내가 존재하는 동안
나의 주님께
찬양의 노래를 부를 것입니다.

주님을 찬양하라!

당신을 찬양하나이다

유대교 기도문

우리 주 하느님, 우리 왕이시여.
당신을 찬양하나이다.

말씀으로 황혼의 노을을 만드신 분.
지혜로 새벽의 문을 여신 분.
선견지명으로 시간과 계절을 만드신 분.
하늘의 별의 운행을 주관하시고 밤과 낮을 만드셔서
빛을 어둠으로, 어둠을 빛으로 만드시는 분.

천지와 일월성신의 하느님.
황혼을 만드신 주 하느님.
당신을 찬양하나이다.

주는 우리의 왕이십니다

줄루족

오, 왕이시여.
주의 나라 안에서 우리의 행복을 크게 하소서.

주는 우리의 왕이십니다.
주의 권능으로 주 앞에서 춤을 춥니다.

우리의 발을 강하게 하시어
영원히 주 앞에서 춤추게 하소서.

모든 천사들이 주께
찬양을 바치는 것은 너무 당연합니다.

찬양

피그미족

신은 태초에도 계셨고
오늘도 계시고
내일도 계시리니,
어느 누가 당신의 형상을 만들 수 있겠습니까?

당신은 몸체가 없습니다.
당신은 당신 입술에서 나오는 말씀 자체입니다.

그 말씀!
더 이상은 아니니,

말씀은 전에도 있었고
지금도 살아 있습니다.

신은 바로 그러합니다.

선한 목자여, 우리 가운데 오소서

우리는 하느님께
소중한 동전들과 같습니다.
그 동전들 중 하나를 잃었을 때,
그것을 찾아 나설 가치가 있습니다.

우리는 하느님께
소중한 양들과 같습니다.
우리가 하느님의 우리를 벗어나 방황할 때,
그것을 찾아 나설 가치가 있습니다.

선한 목자여,
우리 가운데 오소서.

당신을 예배하는 우리의 모습을
어여삐 보소서.

찬양하고 경배합니다

사랑하는 하느님!
당신의 광대하심과 선하심,
거룩하심을 찬양하고 경배합니다.

예배하는 가운데
당신의 거룩하심이 제게로 옮아와
그 임재 안에 머무는 동안
그 거룩하심의 아름다움을 소유하게 하소서.

그 거룩하심으로 제가 온전케 되어
당신을 더욱 닮아가게 하소서.

당신만이 제게 말씀하여 주소서

당신 안에 살게 하소서
사랑이신 하느님.

당신의 끝없는 사랑 안에서
하나 되게 하소서.

많은 것을 듣고 읽는 데에 지쳤습니다.
제가 바라고 원하는 것은
오로지 당신 안에 있습니다.

뭇 스승, 뭇 피조물을 침묵하게 하시고
당신만이 제게 말씀하여 주소서.

"당신 홀로 영원한 생명의
말씀을 지니신 분"(요한 6:68).

2

하느님

나는 하느님을 믿습니다

태양이 구름에 가려
빛나지 않을지라도
나는 태양이 있음을 믿습니다.

사랑이라곤
조금도 느껴지지 않을지라도
나는 사랑을 믿습니다

하느님이
침묵 속에 계시더라도
나는 하느님을 믿습니다.

* 제2차 세계대전 중 독일 쾰른의 어느 어둡고 습한 지하 동굴에 새겨놓은 글

고요 속에 당신을 만나게 하소서

하느님,
당신의 또 다른 이름은 고요라는 걸
이제 알았습니다.

당신의 눈에 깃든 고요
입술에 깃든 침묵을 바라보게 하소서.

이 세상은 쉴 새 없이 돌아가는 기계처럼
요란하고 어지럽습니다.
그 안에서 아버지를 만나기는 참 어렵습니다.

하루에 단 10분이라도 고요한 환경을 주시고
그 침묵 속에
아버지와 사랑의 대화를 나누게 하소서.

뭘 바라지 말아요

당신에게 하느님께서
꼭 무엇을 해주셔야만 됩니까?

왜죠?
하느님이시니까요.

그렇다면
당신이 해드리면 안 됩니까?

왜냐고요?
그분은 하느님이시기 때문이죠.

하늘에 계신 우리 아버지

하늘에 계신 우리 아버지
당신을 존경합니다.

당신의 이름은 사랑이시고
당신의 성품은 연민이시고
당신의 모습은 기쁨이시고
당신의 말씀은 진실이시고
당신의 영혼은 선함이시고
당신의 거룩하심은 아름다움이시고
당신의 뜻은 평온함이십니다.

당신을 섬김이 우리의 완전한 기쁨이며
당신을 아는 가운데 영생이 보장되나이다.

구원자 하느님

코사 성도의 기도

하늘에 계시는 크신 하느님,
우주 위에 계시며 우리 삶을 창조하시는 분,
영혼을 찾으시는 생명의 사냥꾼,
우리 앞에서 행하시는 인도자,
우리의 상처를 어루만지시는 손길,
우리를 고통으로부터 도우시는 발길,
똑똑 떨어지는 샘물 같은 보혈을
우리에게 주시는 이.

오, 당신은
우리를 위해 보혈을 쏟으신
구원자이십니다.

묵상 중 드리는 기도

내 존재의 밑바닥에서 솟아나는
잔잔한 빛이시여,
나를 당신께로 인도하소서.

감각의 올가미에서 풀어주시고
생각의 미로에서 건져주소서.

나를 상징과 언어에서
자유롭게 하소서.

내 존재의 밑바닥을 뒤덮은
어둠 속에서 우러나는
소리 없는 말씀을 알아듣게 하소서.

제 가슴의 주님

제 가슴의 주님!

저를 공허한 칭찬에서 건져주시어
항상 당신만을 자랑하게 하소서.

저를 세속의 풍요에서 건져주시어
항상 하늘의 보화를 허락하소서.

저를 군대의 무장에서 건져주시어
항상 당신의 보호 아래 있게 하소서.

우리 아버지, 우리 왕이시여

기원전 유대 회당에서 드리던 기도

우리 아버지, 우리 왕이시여,
우리는 당신 앞에 죄를 지었나이다.

우리 아버지, 우리 왕이시여,
우리에게는 당신 이외에 다른 왕이 없습니다.

우리 아버지, 우리 왕이시여,
완전한 회개 가운데 당신께 돌아가게 하소서.

우리 아버지, 우리 왕이시여,
우리의 이름을 구원의 책에 기록하소서.

우리 아버지, 우리 왕이시여,
우리 안에 선한 일이 없을지라도 우리 기도를 들어주소서.
우리는 온 세상에서 당신의 이름을 거룩하게 할 것입니다.

오 하느님, 우리 조상의 하느님이시여,
영광 가운데 온 세상을 다스리소서.

하느님, 나도 할 수 있나요?

하느님
나를 얼마만큼 사랑하세요?
하루에 몇 번이나 들여다보시나요?

하느님
시기와 성냄과 욕심이 가득해요.
도무지 이해하기 어려울 때가 많아요.
기도해도 하느님의 말씀을 따르지 못해요.
이런 나를 미워하실 건가요?

하지만 하느님이 도와주시면
변할 수 있을 거예요.

사소한 것도 처리할 수 없어요.
참 바보 같고 어리석어요.

그러나 하느님을 사랑해요.
언젠가 그분을 만난 것처럼 편하고요.
나도 변할 수 있나요?

당신을 믿고 싶습니다.
그래서 착한 일도 하고 싶고
천사처럼 아름다워지고 싶어요.

나도 할 수 있나요?

당신 뜻대로 사용하소서

내 마음에 오소서,
하느님 아버지.

내 삶을 온전히 주께 드리니
당신 뜻대로 사용하소서.
내 가진 모든 것 주의 것입니다.

언제 어디서 어떠한 모습으로
주께서 나를 사용하실지 알 수 없지만,

주께서 나를 사용해주시는 것,
그것이 내 삶에서 가장 큰 기쁨입니다.

3

예수 그리스도

그리스도의 정신을 심어주소서

하늘에 계신
나의 아버지.

그리스도의 정신을
내게 심어주소서.

기쁨 중이나
슬픔 중에서도

당신께서 원하시는 뜻에 따라
걸어갈 수 있게 하소서.

예수님, 어서 오소서!

사랑이신 예수님, 어서 오소서!
당신을 기다리며 사랑을 배웁니다.
제 마음이 설레고 고요합니다.

축복이신 예수님, 어서 오소서!
제게 주신 은총에 감사하며
제 주위 사람들에게 나눠주고 싶습니다.

기쁨이신 예수님, 어서 오소서!
어제도 오늘도, 다가올 내일도
하루하루 충만한 기쁨으로 살 것입니다.

예수님, 어서 오소서!
주님이 함께 하실 때
제 모든 것은 당신의 것이 될 것입니다.

어서 오소서!

내가 아닌 그리스도께서

내가 아닌 그리스도께서
영광과 존경과 사랑을 받으소서.

내가 아닌 그리스도께서
보여지고 알려지고 들려지소서.

내가 아닌 그리스도께서
모든 생각과 말 속에 계시옵소서.

내가 아닌 그리스도께서
겸손하고도 조용한 노력 속에 계시옵소서.

내가 아닌 그리스도께서
겸허하고도 성실한 수고 속에 계시옵소서.

그리스도, 오직 그리스도께서
나의 전부가 되소서.

어서 갈릴리로 돌아가게 하소서

당신을 만나기 위해 무덤을 향하고
예루살렘으로 향하려던 사람들에게
갈릴리로 발길을 돌리게 하신 예수님.

부활하시는 순간까지도
온갖 영광과 화려한 예루살렘,
요란한 도시에서 당신을 발견할 수 없었습니다.

작고 보잘것없는 저희들의 삶터,
갈릴리로 돌아오셔서 소박하게 드러나셨습니다.

혹시라도 제자들이
화려한 성전에서 당신을 찾을까 봐
갈릴리에 나타나신 예수님,

저희들도 부활하신 당신을 만나기 위해
어서 갈릴리로 돌아가게 하소서.

동틀 무렵

어느 수녀

주님!
어머니의 가슴에
당신의 십자가를 묻고서,
어머니의 사랑에
당신의 사랑을 담아주신 당신.

당신의 고통으로
우리의 고통을 거두어주시고,
당신의 부활로
우리의 가슴에 희망을 담아주신 당신.

이 밤도
당신의 사랑을 먹으며
편히 잠들게 하소서.
새벽 동틀 무렵
당신의 숨길을 느끼며 잠깨게 하소서.

부활절 기도

부활하신 그리스도여,
당신께서 우리와 함께 하시지 않으면
우리는 오직 절망뿐입니다.

그러나 당신이 우리와 함께 계시면
우리에게는 억제할 수 없는 용기가 샘솟습니다.

당신과 더불어 우리도 다시 살아나리라는
믿음을 갖는 용기가 넘쳐날 수 있도록,

당신의 풍성한 생명의 숨결을
우리에게 내뿜어주소서.

성경을 펼치며 드리는 기도

주 예수님,

주님이 여기 계셔야 합니다.

이것은 단순히 한 권의 책이 아니라 주님을 계시한 것입니다.

주님을 접함이 없이는 이 책을 읽고 싶지 않습니다.

이 책에서 주님의 말씀 외의 다른 것을 듣고 싶지 않습니다.

주님을 만나지 않고는 이 책을 읽고 싶지 않습니다.

인쇄된 지면에서 주님의 어떠하심을 깨닫기 원하옵니다.

오 주 예수님,

주님의 말씀을 밝혀주시고

모든 구절 위에 기름 부으시어 주님을 만지게 하소서.

예수님을 따르려면

어느 수인

예수님을 사랑하며 나아가는 길은
화려한 길이 아니라는 것을 나는 압니다.

예수님을 따르려면
나의 것을 벗어버리고
예수님의 십자가를 지고 날마다
골고다 언덕길을 올라가야 함을 나는 압니다.

예수님을 사랑하는 길은
내가 나를 부인하는 길이요,
예수님을 따르는 길은
내가 땅끝까지 낮아져야 하는 것임을 나는 압니다.

예수님을 사랑하는 길은
가난하고 소외된 자들을 사랑하는 길이요,
예수님을 따르는 길은
가난하고 병든 자를 돌보아주는 일임을 나는 압니다.

예수님,

복음서에 기록된 말씀이 나의 삶에
살아 움직이는 말씀이 되게 하시어,
예수님께서 삼십삼 년 동안
나누신 사랑, 베푸신 사랑, 이루신 사랑,
치료하신 사랑, 구원의 사랑을 알게 하소서.

그리고 삶 속에서 고통이 가시처럼 찔려오고
어두운 미래가 막다른 절벽처럼
절망으로 다가올 때,
주위 사람들마저 차가운 벽처럼
나의 모든 삶을 빙 둘러버렸을 때

부디,
예수님을 외면하지 않게 하소서.
나의 소중한 것을 버릴지라도
예수님께서 흘리신 눈물이, 보혈이
헛되지 않게 하소서.

예수님께서 나를 사랑하신 것 같이
나 또한 그들을
나의 이웃을 사랑하게 하소서.

나의 삶이 주님을 닮아가게 하소서.

4

성령

성령의 불꽃

불길 같은 성령이여,
임하소서.

정(淨)케 하는 그 불꽃,
내 심령을 누비소서.

오, 그 거룩한 불꽃
내 안에서 타오르게 하소서.

당신 마음에 들게 하소서

성령이여,
제게 돌아오소서.

은총으로
저를 채우소서.

저로 하여금
거룩한 삶을 살게 하소서.

제가 늘
당신 마음에 들게 하소서.

성령께 드리는 기도

정교회(正敎會) 기도문

하늘의 임금,

위로자,

진리의 성령이시여.

어디에나 현존하시고

온갖 것을 채워주시며

행복과 생명을 주시는 이여.

오셔서 우리 안에 머무르시어

우리의 불결하게 된

모든 것을 깨끗이 하소서.

선하신 이여,

우리 영혼을 구원하여 주소서.

열어주십시오

성령이여,
아름다움을 볼 수 있게 제 눈을 열어주십시오.

성령이여,
진실을 들을 수 있게 제 귀를 열어주십시오.

성령이여,
친절하게 말할 수 있게 제 입을 열어주십시오.

성령이여,
지혜를 구할 수 있게 제 마음을 열어주십시오.

성령이여,
사랑에 제 마음을 열어주십시오.

사랑의 불꽃을 일으켜주소서

성령이여,
우리 마음에 사랑의 불꽃을 일으켜주소서.
영혼 깊숙한 곳에 사시는 성령이여,
우리 안에 사랑의 불을 놓으시어
그리스도와 아버지 하느님을 따르게 하소서.

우리 한 사람 한 사람 마음속에
형제애를 아로새겨주시고
언제나 사람을 소중히 여기며 살아가게 하소서.
사랑으로 자신을 내주고
이기심을 버리고
선의와 존경과 헌신으로 살아가게 하소서.

한 목표를 향해 나아가는 우리가
하나 되어 화목하게 살게 하소서.

온유함의 열매 맺게 하소서

오소서 성령님,
오시어 저희가 온유함의 열매 맺게 하소서.

정말로 강한 것은
온유함에서 나옴을 저희가 알게 하소서.

이웃에게서 오는 화를
부드럽게 받아들이게 하시고,
아픔과 상처를 가진 이들에게 따뜻함을
전하는 믿음의 가족 되게 하소서.

저희 마음속에
성령께서 내리시는 온유함의 열매가
풍성히 맺게 하소서.

성령께 드리는 기도

오, 성령이여!
저를 온전히 당신께 바치오니 저를 가지소서.
저의 모든 것을.

제 안에 스며드는 빛 되시어
저의 지성을 밝히시고
저의 의지를 당신께로 이끌어주소서.
저의 몸과 마음이 튼튼하고
당신의 초자연적 기운으로 충만하게 하소서.

당신의 거룩한 정화와 사랑의 업적을
제 안에서 완성하소서.
저를 순수하고 단순하며
참된 자유인이 되게 하시고
고통 중에 마음의 평온함을 허락하소서.

언제나 하느님과 이웃을
뜨겁게 사랑하는 사람이 되게 하소서.

5

믿음

주님 자신을 주십시오

제가 선물을 구하면
그분은 그것을 주시겠지요.

그러면 저는 받은 선물을 가지고
그분 곁을 떠나야 할 것입니다.

저는 그분 곁을
떠나고 싶지 않습니다.

하오니,
제게 그 어떤 선물도 주지 마십시오.
다만 주님 자신을 주십시오.

오, 내 사랑하는 이여.
당신과 늘 함께 있고 싶습니다.

당신만이 나의 전부이게 하소서

어느 수녀

주님,
제 행복이
오로지 당신 곁에서
당신이 가신 길을 따라 걷는
참된 행복이 되게 하소서.

다른 행복은 바라지도 않게 하소서.
당신만이 나의 전부이게 하소서.

침묵을 위한 기도

하느님, 당신 말씀에 귀 기울일 수 있도록
당신 앞에서 침묵하게 하소서.

당신께서 내 안에 살아 역사하실 수 있도록
당신 안에서 휴식을 취하게 하소서.

당신께서 내 안에 들어오실 수 있도록
나를 당신께 활짝 열게 하소서.

당신께서 나를 충만히 채우실 수 있도록
나를 당신 앞에서 텅 비우게 하소서.

나로 하여금 잠잠케 하소서.
그리하여 당신이 내 하느님이심을 알게 하소서.

내가 주를 사랑하는 것은

나의 하느님,
내가 주를 사랑하는 것은
하늘에 대한 열망 때문이 아닙니다.

영원히 길을 잃지 않기 위함도 아니고
무엇인가 보상을 바라는 마음에서도 아니고
무엇을 얻기 위해서도 아닙니다.

주가 나를 사랑하신 것같이
영원히 주를 사랑합니다.
앞으로도 변함없이 주를 찬양할 것입니다.

내가 주를 사랑하는 까닭은
주께서 나의 하느님이요
영원한 왕이시기 때문입니다.

오늘의 기도

하느님,
당신의 사랑이 피조물 위에 쏟아질 때
당신은 저를 생각하셨습니다.

저는 사랑으로부터, 사랑에 의해, 사랑을 위해 존재합니다.
하느님, 제 마음이 항상 모든 피조물 안에서
당신의 선하심을 알고,
사랑하고 즐거워하게 하소서.

모든 것을 이끄시어 당신을 찬양하게 하소서.
모든 사람과 모든 사물을 존중하도록 가르치소서.
저를 북돋우시어 당신께 봉사하게 하소서.

살아계신 하느님,
아무것도 저를 당신의 사랑에서 떼어놓지 못하게 하소서.
건강도 질병도
부유함도 가난함도
명예도 비난도
장수도 단명도

저를 당신의 사랑에서 떼어놓지 못하게 하소서.
저는 결코 당신이 바라고 원하시는 것이 아닌
다른 것이 되려고 하지 않겠습니다.

신앙고백의 기도

나의 주 예수님!
당신께서 이미 지나셨던 길을
지금 제가 걷고 있다는 것이
제게 큰 위안이 됩니다.

하루 동안 해야 할 일이 제게 있듯이
당신께서도 하셔야 할 하루 일과가 있었나이다.
제가 시험받듯이
당신도 시험을 받으셨습니다.
또 제가 받은 육체적·정신적 고통과
비교할 수 없을 만큼
더 큰 고통을 겪으셨습니다.

그러나 당신께서는
죽으셨다가 다시 사셨으며
영원히 어디에서든 살아 계십니다.
죽음을 정복하신 당신은
부활이요 생명이십니다.

때문에,
제가 무슨 일을 당하든
과거에도 현재에도, 또 미래에도
당신께서 제 곁에 계심을
저는 확신합니다.

신앙인이 되게 하소서

오 주님,
내게 변함없는 마음을 주셔서
가치 없는 애정에 끌리지 않게 하소서.
정복되지 않는 마음을 주셔서
고난 속에서도 지치지 않게 하소서.
정결한 마음을 주셔서
무가치한 목적에 유혹되지 않게 하소서.

오 나의 주님,
당신을 알 수 있게 하소서.
당신을 좇는 성실함과
당신을 발견할 수 있는 지혜를 주소서.

그리하여 마침내 당신을 주님으로
받아들일 수 있는 신앙인이 되게 하소서.

제가 아니라 주님이

저는 주님을 찾았었습니다.
하지만 나중에 알게 되었지요.
주님이 제 영혼을 감동시켜
저로 하여금 저를 찾으시는 주님을 찾게 하였다는 것을.
참되신 구세주여, 찾은 것은 제가 아니었습니다.
오히려 제가 주님께 찾아진 것이지요.

저는 풍랑이 이는 바다 위를 걸어갔지만
빠지지 않았습니다.
오 주여, 그것은 제가 주님을 붙들었기보다는
주님이 저를 붙드셨기 때문입니다.

저는 주님을 발견하고 사랑합니다.
그러나 주님,
저의 사랑은 주님께 대한 제 응답에 불과합니다.
주님이 오래전에 제 영혼을 애타게 찾으셨고
언제나 저를 사랑하셨기 때문입니다.

기도의 고백

기도의 언어는 있었지만
기도의 능력은 없었습니다.
기도의 소리는 있었지만
기도의 의미는 없었습니다.
기도의 형식은 있었지만
기도의 내용은 없었습니다.
기도의 입술은 있었지만
기도의 가슴은 없었습니다.
기도의 머리는 있었지만
기도의 발길은 없었습니다.
기도의 생각은 있었지만
기도의 손발은 없었습니다.
기도의 풀잎은 있었지만
기도의 열매는 없었습니다.
기도의 하늘은 있었지만
기도의 땅은 없었습니다.

6

소망

촛불과 소금

나는 어두운 이 세상에
촛불이고 싶어라.

나는 맛없는 이 세상에
소금이고 싶어라.

어둠을 밝히는 촛불처럼
맛없는 음식에 넣는 소금처럼

나는 그렇게 살고 싶어라
나는 그렇게 살고 싶어라.

소망의 기도

주님!
머리에는 지혜
이마에는 예절
눈에는 슬기
입에는 친절
가슴에는 사랑
손에는 노동
발에는 질서가 있게 하소서.

아름다움을 위한 기도

게일족

어디에서나 기쁨을 발견할 수 있는
그런 눈을 제게 주소서.

길가의 작은 들꽃에서도
새의 지저귐에서도
강한 얼굴을 가진 사람에게서도
어린아이의 미소 속에서도
어머니의 사랑에서도
예수님과 같은 순결 속에서도

아름다움을 발견할 수 있는
그런 눈을 제게 주소서.

작은 기도

바람을 맞으며
침묵하는 법과
사랑이 가득한 향기의 말을 하게 하소서!

하늘을 보며
어린아이처럼
티 없이 맑은 마음을 갖게 하소서!

비를 맞으며
이웃의 아픔을 위해
기도하게 하소서!

눈을 맞으며
저에게 허락하신 작은 능력 안에서
세상을 하얗게 색칠하게 하소서!

별들을 보며
자기 자리에서 세상을 비추는
겸손함을 배우게 하소서!

가난한 자가 되게 하소서

나의 하느님!
당신은 제 영혼 깊은 곳에
숨어 계시나이다.

완전한 고요와 고독을 떠나서는
당신 자신을 우리에게
드러내 보이시지 않나이다.

나의 주님,
모든 피조물로부터
제가 더욱 이탈하게 하소서.

세상 재물과는 인연이 먼
아주 가난한 자가 되게 하소서!

가난한 수도자의 기도

무명의 사막 교부(敎父)

주님,
제 몸이 갑자기 불거나
마르지 않았으면 좋겠습니다.

지금 입고 있는 이 옷이
제 마음에 꼭 들거니와

제게는 이 옷
한 벌밖에 없기 때문입니다.

소망

주님, 꿈꾸고 싶습니다.
허망한 꿈이 아니라
사랑의 꿈을 꾸고 싶습니다.
주님, 외로운 저에게 친구로 위로해주소서.
기쁨을 항상 주시고,
고난을 당할 때 더욱 가까운 친구로 느끼게 하소서.
주님, 나의 길의 인도자가 되소서.
다른 길로 가는 제 영혼을 붙들어
주의 음성을 듣게 하소서.
주님, 항상 기뻐하기 원합니다.
근심의 생활, 불만의 생활이 아니라,
때때로 기뻐하는 영혼이 아니라
항상 기뻐하기 원합니다.
주님, 소망이 제 영혼에 가득하기 원합니다.
환난 중에 담대하고 강할 수 있는
주님의 소망이 되기 원합니다.

주님, 한 마리 물고기가

주님,
한 마리 물고기가
맨몸으로 바다 속을 유영하듯
저희도 그렇게 자유롭게 당신을 따르게 하소서.

아름다운 날갯짓으로
꽃 사이를 누비는 나비에게도
여름 한철 울어대는 매미에게도
껍데기를 벗어버리는 아픔이 있었음을 생각합니다.

주님,
제 안에 담긴 허영과 이기심,
탐욕과 애착을 덜어내면 낼수록
당신과의 만남이 가까워짐을 깨닫게 하셔서
자신에게서 벗어나는 기쁨을
한껏 누리게 하소서.

눈의 기도

주여,
지금 나는 눈을 감으려 합니다.
온종일 사람 사는 세상을 계속 걸어와
지금 막 할 일을 다 끝내고
이제 내 눈은 영혼 안에서 쉬고 싶습니다.

주여,
넓은 세상으로 향한 창문을 통해
태양이 빛과 열을 옮겨주듯
내 영혼을 옮겨주는 이 맑은 눈을
주셔서 감사합니다.

주여, 밤중에도 기도 드리오니
내 눈을 맑고 깨끗하게 해주시고,
내 눈을 보는 사람마다
순결에 대한 갈망을 품게 하소서.

내 눈이 결코 기대에 어긋나고
환멸을 느끼게 하며 절망을 안겨주는

그런 눈이 되지 않게 하시고,
도리어 감탄하고 황홀해하며
명상할 줄 아는 눈이 되게 하소서.

주님, 저를 느긋하게 해주세요

주님, 저를 느긋하게 해주세요.
내 마음을 가라앉혀 마음을 편하게 해주세요.

시간은 영원히 흐른다는 생각으로
저의 조급한 기세를 늦추어주세요.

혼란의 나날 속에 허덕일 때,
저에게 끝없이 펼쳐진 언덕의 고요함을 주세요.

제 기억 속에 살아 숨 쉬는 가슴 따뜻한 선율로
저의 신경과 근육의 긴장을 풀어주세요.

저에게 잠이 가지고 있는
신비한 회복의 힘을 알게 도와주세요.

잠깐 동안의 휴식을 취하는 기술을 알려주세요.
느긋하게 꽃도 보고
친구와 얘기도 하고
좋은 책의 몇 구절을 읽기도 하면서.

주님, 저를 느긋하게 해주세요.

그리고 저의 더 큰 운명의 별을 향해 성장할 수 있도록

영속적인 가치의 토양에

깊이 뿌리내릴 수 있게 해주세요.

읽기를 배운 후에

어느 중국 여인

글을 읽을 수 없는
사람들이 많이 있습니다.

주여,
우리들 각자가
성경이 되게 하소서.

책을 통해
당신 말씀을 읽지 못하는 사람들이

우리에게서
당신 말씀을 읽을 수 있도록.

7

사랑

사랑에 배고파졌나이다

주님!
제 마음 가장 깊은 곳에 들어오시어
저를 온전히 차지하소서.
또한 주님의 가슴속으로 저를 당기소서.

제가 당신을 갈망하듯
주님께서도 저를 갈망하고 계시나이다.

우리는 서로의 사랑을 맛보고
그 사랑에 더욱 배고파졌나이다.

오 주여! 얼마나
얼마나 기다려야 합니까?
온전한 사랑에 불타오르기까지는.

사랑의 기도

나의 하느님,
당신은 무한히 선하시고
우리의 영원한 행복이시니
모든 것 위에
마음을 다하여 당신을 사랑하나이다.

당신의 사랑으로
이웃을 제 몸처럼 사랑하고,
받은 모욕을 용서하나이다.

주님,
더더욱 당신을 사랑하게 하소서.

제게 힘을 주소서

사랑한다는 말,
쉽지 않나이다.
그러나 주님을 생각하면 쉽나이다.

주님,
늘 당신을 그리워하며
당신 곁에서
맘껏 사랑하며 뛰놀고 싶습니다.

한순간도
당신 눈에서 떼어놓지 마시고
사랑에 힘입어 저를 지켜주소서.

그 사랑
부지런히 나눌 수 있도록
제게 힘을 주소서.

악한 사람을 위한 기도

오 주님,
착한 사람들만이 아니라 악한 사람들도
기억하소서.
그러나 저들이 우리에게 가한 고통은
기억하지 마소서.
또 이 고통을 통해 우리가 거둔 열매들을
기억하소서.
곧, 이 모든 일을 통하여 자라난
우리의 동지애, 충성심, 겸손, 용기, 관용,
그리고 넉넉한 마음입니다.
저들이 심판대에 서게 될 때,
우리가 맺은 열매로 인하여 저들이
용서받게 하소서.

* 라벤스루크 유대인 수용소에서 발견된 쪽지

주님, 사랑의 불을 놓으소서

주님,
사랑의 불을 놓으소서.
불의로 혼탁해진 세상에
당신 사랑의 불이 활활 타오르게 하소서.

가난한 이들을 돌아보지 못한 부유한 마음,
불의를 보고도 외면한 차가운 마음,
권력의 이기심 앞에 눈감아버린 비겁한 마음에
당신 사랑의 불길을 지피소서.

사랑과 사랑 아닌 것이 갈라지고
정의와 정의 아닌 것이 나뉜다고 해도,
그것이 세상과 저희를 깨끗하게 하기 위한
또 하나의 세례라면,

주님,
다시 한 번 사랑의 불을 내리소서.

기도

바라는 것 많으나
한 가지만 들어주소서.

다른 것 없어도 괜찮으니
한 가지만 들어주소서.

사랑할 힘만
사랑할 가슴만 남겨주소서.

나머지는 모두 잃어도
끝까지 갖고 싶은 단 하나는 '사랑'

그것만은 버릴 수도
양보할 수도 없으니
죽어도 사랑하게 하소서.

* 충북 음성 꽃동네 '구원의 집' 벽에 붙어 있는 어느 할머니의 기도

사랑하게 하소서

예수님,
저에게 화를 삭이는 인내를 허락하시고,
친절한 마음을 갖게 하시어
남들의 이야기에 귀 기울이는 사람이 되게 하소서.

남들을 잘 이해하는 사람이 된다면 얼마나 기쁠까요?
그러나 우리들은 자신을 먼저 생각합니다.
그리고 누군가에게 말을 많이 하기를 좋아합니다.

예수님,
제가 잔소리를 많이 하는 사람이기보다는,
상대방의 조언을 먼저 듣는 사람이 되게 하시어
남들을 많이 배려하는 사람이 되게 하소서.

마음에서 들려오는 소리를 듣게 하시고
주변에서 들려오는 소리를 듣게 하소서.

그리고 당신께서 그러하셨듯
상대방의 마음을 헤아릴 줄 아는 사람이 되게 하소서.

벽처럼 막힌 사람이 아니라
대화가 넘치는 사람이 되게 하소서.

고치에서 나비가 태어나듯
제 영혼이 새롭게 태어나게 하시어
당신이 베푸셨던 참사랑을 베풀게 하소서.

나를 만드소서

세상을 아름답게 만드시는 하느님,
저도 사랑스럽게 만들어주소서.
주님의 성령으로 저를 새롭게 창조해주소서.
제 마음을 새롭게 하소서.

샘솟아 흐르는 주님의 물처럼
저도 크리스털같이 순수하게 하소서.
웅장하게 솟아 있는 주님의 반석처럼
저도 강하고 확고하게 하소서.

춤추며 흘러내리는 주님의 햇살처럼
저도 즐겁고 자유롭게 하소서.
하늘로 곧게 치솟아 있는 소나무처럼
저도 똑바로 서게 하소서.

아치형 하늘처럼
제 생각들도 하늘로 오르게 하소서.
제 꿈이 기품 있는 행동으로 옮겨지고
사랑의 행위를 이끌어내게 하소서.

세상을 아름답게 만드시는 하느님,
저도 사랑스럽게 만들어주소서.
주님의 성령으로 저를 늘 지켜주시어
순결하고 힘 있고 진실하게 하소서.

8

인도와 보호

주의 금빛 날개로

어느 인도인

예수여,
암탉이 병아리를
품고 보호하는 것같이

이 어둠의 밤에
주의 금빛 날개로
우리를 보호해주소서.

주님의 사랑은 저의 피난처

어느 인도인

부지런히 움직이기만 하는 개미처럼
제 앞에 무엇이 있는지도 모른 채
앞으로 나아갑니다.

저를 엄습해 오는
피할 수 없는 그림자같이
죽음의 죄의 무게가 저를 짓누릅니다.

은총으로 저를 보살피소서.
주님의 사랑은 저의 피난처입니다.

길을 걸으며 드리는 기도

슬라브족

생명과 진리의 길이신 주님,
당신의 종인 저의 길을
인도하시고 동행하여 주소서.

시련이 닥칠 때 도와주시고
유혹을 당할 때 보호하시며
위험에서 건져주소서.

당신의 말씀을 실천할 수 있도록
평화와 힘을 허락하시고
공정히 평가할 수 있는 분별력을 주소서.

언젠가 선(善)으로 부유하게 되어
당신께 돌아가게 하소서.

보호하소서

아일랜드의 기도

마리아의 아들 예수여,
탐욕을 위해 또 다른 부를 구하지 않도록
제 눈을 보호하소서.

죄 많은 세상에서
비방을 듣지 않게 하시며,
바보 같은 이야기에 귀 기울이지 않도록
제 귀를 보호하소서.

사악한 욕망을 좇지 않도록
주의 사랑으로 제 마음을 보호하소서.

주의 손을 펼치시어
싸움 후에 부끄러운 용서를 행치 않게
제 손을 보호하소서.

부와 이익에 마음이 쏠리지 않도록
아일랜드의 풍족한 땅에서
제 마음을 보호하소서.

노아의 기도

주님,
이 네모난 방주는 흡사 동물원 같습니다.
억수같이 퍼붓는 비와
동물들의 울음소리에 둘러싸인
길고 지루한 나날
생각도 못할 일입니다.

주님,
이 물에는 마음도 무너지는 듯합니다.
언제쯤 이 발로 굳건한 대지를
밟을 수 있겠습니까?
지루한 나날입니다.

까마귀도 날아가버린 채
돌아오지도 않았습니다.
당신의 비둘기는 아직 여기…….

그러나 비둘기는 희망의 올리브 가지를
찾을 수 있을까요?

길고 긴 나날입니다.
주님,
어떤 산봉우리에
네모난 이 방주가 탈 없이 멈출 때까지,
이 속박의 사슬에서
해방되는 그날이 올 때까지

주님,
네모난 이 방주를 지켜주십시오.

주님,
약속의 갯벌에 가 닿는 날까지
당신 손으로 이끌어주십시오.

작은 것들을 도와주소서

주님,
매일의 실패와 작은 문제 앞에서
저희를 도와주소서.

저희가 견딜 수 없는 것은 큰 문제가 아닙니다.
참을 수 없게 화를 돋우는 것은 사소하고 일상적인 것,
매일같이 일어나는 골치 아프고 성가신 것들입니다.

아웅다웅 싸우는 아이들,
시동 걸리지 않는 자동차,
줄줄 새는 수도꼭지,
망가진 가구,
예상치 않은 청구서 같은 것 말입니다.
일상의 짜증스런 것들 때문에
기운을 빼는 일이 없게 하시고
그것들이 저희 삶을 지배하지 않게 하소서.
작은 것들로
사이가 벌어지는 일이 없게 하소서.

주님,

화가 나려고 할 때

평정을 잃지 않도록 도와주시고

그것이 얼마나 하찮은 것인지 깨닫게 하시어

지혜와 인내,

성숙하고 재치 있는 유머로 극복할 수 있게 하소서.

9

회개와 용서

반성의 기도

주님!

오늘 생각과 말과 행위로 지은 죄와
의무를 소홀히 한 죄를 자세히 살피게 하소서.

그 가운데
버릇이 된 죄를 깨닫게 하소서.

회개

나이지리아 기독교인

하늘에 계신 하느님,
주께서는 제가 생명나무같이
자라도록 도와주셨습니다.

그러나 지금 제게 무슨 일이 일어나고 있습니다.
사탄이 새처럼 날아와 작은 가지에 붙었습니다.

그 가지는 제가 그것을 알기 전부터
사탄이 거한 장소였으며,
예전부터 그곳에 살고 있었습니다.

나의 아버지시여,
새와 가지들을 지금 내던집니다.

회개 기도

저희가 생각했어야 마땅하지만
생각하지 않았던 모든 것.
말했어야 했으나
말하지 않았던 모든 것.
행했어야만 했으나
행하지 않았던 모든 것.

생각하지 말았어야 했으나
생각했던 모든 것.
말하지 말았어야 했으나
말했던 모든 것.
행하지 말았어야 했으나
행했던 모든 것.

오 하느님,
이 모든 생각과 말과 행실을
용서하여 주소서.

회개는 구원의 입구

주님,
어리석은 이 죄인이 회개하게 하소서.
잘난 듯 겉치레하고
홀로 허탈감에 빠지는
무지의 굴레에서 벗어나게 하소서.

주님,
완고한 이 죄인이 회개하게 하소서.
철없는 아이처럼 고집을 부리고
제 힘만 믿고 살다가
뒤늦게 후회하며 눈물 흘리지 않도록,
과감히 돌아설 줄 아는
용기를 허락하소서.

주님,
회개는 지혜의 시작이며
구원의 입구임을 잊지 않게 하소서.

저에게 자비를 베푸소서

하느님,
제가 죄를 지어
참으로 사랑받으셔야 할
주님 마음을 아프게 하였사오니,
악을 저지르고 선을 소홀히 한 모든 잘못을
진심으로 뉘우치나이다.

또한, 주님의 은총으로 속죄하고
다시는 죄짓지 않으며
죄지을 기회를 피하기로 굳게 다짐하오니,
우리 구세주 예수 그리스도의 수난 공로를 보시고
저에게 자비를 베푸소서.

용서를 비는 기도

오 주님,
우리를 용서하소서.
매 순간 최선을 다해 살지 못하는 것을 용서하소서.
우리의 신체적 감각을
충분히 경험하고 즐기지 못하는 것을 용서하소서.
이미 우리에게 주어진 걸로 만족하지 못하며
우리의 감정을 잘 다스리지 못하는 것을
솔직히 고백하나이다.

오 하느님,
우리를 타인들, 그리고 생명과 다시 연결시켜주소서.
그래서 우리가 충만한 삶을 살게 하소서.

주님! 고백합니다

주인이라 말하면서 당신께 복종하지 않았나이다
빛이라고 말하면서 당신을 보려 하지 않았나이다.

길이라고 말하면서 당신을 따라가지 않았나이다
생명이라 말하면서 당신을 갈망하지 않았나이다.

지혜롭다 말하면서 당신을 헤아리지 않았나이다
사랑한다 말하면서 당신을 보살피지 않았나이다.

부자라고 말하면서 당신께 요청하지 않았나이다
자비롭다 말하면서 당신께 의지하지 않았나이다.

위대하다 말하면서 당신을 존경하지 않았나이다
의롭다고 말하면서 당신을 이해하지 않았나이다.

주님! 용서하소서

믿음을 갈망하며 불신에 빠져 있음을 용서하소서
희망을 갈망하며 절망에 눈물 흘림을 용서하소서.
사랑을 갈망하며 나눔에 무디어짐을 용서하소서
정의를 갈망하며 불의에 너그러움을 용서하소서.
자비를 갈망하며 용서에 더딘 걸음을 용서하소서
말씀을 갈망하며 진리에 머뭇거림을 용서하소서.
겸손을 갈망하며 교만에 미소 지음을 용서하소서
지혜를 갈망하며 유혹에 물들어감을 용서하소서.
청빈을 갈망하며 재물에 포로가 됨을 용서하소서
진실을 갈망하며 거짓에 상처받음을 용서하소서.

겸손을 구하는 기도

주님!
저는 겸손해야 할 때 교만했고
남을 생각해야 할 때 이기적이었고
관심을 가져야 할 때 무관심했습니다.

저는 들어야 할 때 말했고
이해해야 할 때 비난했고
감사드려야 할 때 불평했고
만족해야 할 때 시기했고
신뢰해야 할 때 배신했습니다.

주님이 노크하실 때
저는 대답하지 않았습니다.

주님이 제 안에
영원히 거하실 수 있도록
제 마음의 문을 열어주소서.

노여움을 거두소서

딩카족

주님,
당신께서는 우리에게 등을 돌리셨습니다.
우리가 말과 행실로 당신을 화나게 했습니다.
그래서 소들이 굶어죽고
아이들은 병들어 죽어갑니다.

우리 모두 죽을까 봐 무섭습니다.
생사가 당신께 달려 있음을 우리는 압니다.
당신을 기쁘시게 하려면
무얼 어떻게 해야 하는지 가르쳐주소서.
우리에게서 노여움을 거두시고
자비를 베푸소서.

용서를 빕니다

나는 어제
주님을 위해 죽어야겠다고
마음먹었지만,
오늘
그냥 살아 있습니다.

나는 오늘
죽어보자고 마음먹었지만,
이 밤
이 글을 쓰며
쓴웃음 짓고 있습니다.

주님은
변함없이 날 지켜주셨지만,
나는 주님을 위해
한 일이 너무 없어
두 손 모아 용서를 빕니다.

10

평화와 정의

평화가 깃들게 하소서

힌두교

지고하신 신이시여
하늘과 대기에 평화가 깃들게 하소서.
식물계와 산림에 평화가 깃들게 하소서.
우주의 신들이 평화롭게 하소서.

평화를 위한 기도

주여,
평화로운 마음을 갖게 하소서.
마음속에 불화를 심으려는
어둠의 소리를 분별하는 지혜를 주시고,
그것을 단호히 뿌리칠 수 있는
용기를 갖게 하소서.

주여,
평화로운 마음을 갖게 하소서.
마음속에 사랑을 심으려는
성령의 음성을 듣는 귀를 갖게 하시고,
부드러운 심령을 간직하여
모든 이웃을 이해하고
사랑할 수 있게 하소서.

나를 사랑하지 않는 사람까지도 사랑하여
평화롭게 하소서.

평화의 성령이여, 오소서

평화의 성령이여,
오시어 저희 마음을 비추소서.
저희 마음을 당신의 거처로 삼으소서.

그래서 저희 모두
친교의 도구
화해의 도구
희망의 도구
연대의 도구
연민의 도구
용서의 도구가 되게 하소서.

좀 더 깊고 뜨거운 열정으로
신앙생활을 하며,
하느님과 이웃을 사랑할 수 있게 하소서.

평화의 길로 우리를 인도하소서

전능하신 하느님,
주의 전능이 세상 위에 놓여 있습니다.
우리가 멸망과 헛된 희생을 바라지 않게 하소서.

거룩한 삶을 주시는 영으로
과거의 잘못된 삶에서 벗어나게 하시며,
원수에게 복수하려는 갈망을 버리게 하소서.

우리의 근거인 주의 은총을 부어주소서.
역사의 폭군으로부터 우리를 구하시고,
지금 이 순간 헛된 복종에서 자유롭게 하소서.

주의 자비로 어제의 모든 죄를 사하여 주시고,
오늘의 죄를 치료할 수 있도록
우리에게 은총과 용기를 허락하소서.

오, 주여, 포근한 사랑의 길,
평화의 길로 우리를 인도하소서.

성부께 드리는 기도

성부여,
세상의 악과 맞서 싸워 이길 수 있도록
당신의 사랑 안에
저희를 하나로 묶어주십시오.

저희 모두 하나 되어
세상의 진보와 개선을 위해
일하게 해주십시오.

가진 것을 기쁜 마음으로 나누고
서로 돕고 섬길 수 있도록
저희를 하나로 묶어주십시오.

당신들은 지금 어디에 있습니까?

당신들은 지금 어디에 있습니까?
구원받은 축복을 누리는 당신들은
지금 어디에 있습니까?
예수 그리스도의 보혈로 죄 씻음을 받은
당신들은 지금 어디에 있습니까?
우리는 이토록 비참함 가운데 살고 있는데
당신들은 보지 못합니까?
우리는 지금 어둠 속에서
멸망으로 치닫고 있습니다.
수천수만의 사람들이
지옥의 불길 속으로 향하고 있는데…….
우리를 불쌍히 여기고
우리에게 와주세요.
이렇게 애원합니다.
제발 우리에게 와주십시오.
예수를 믿는 당신들은 지금 어디에 있습니까?

* 구소련이 붕괴된 직후 힘들고 처참한 상황에서 카자흐스탄의 어떤
소녀가 서방, 특별히 교회를 향해 쓴 글.

11

외로움과 고통 중의 기도

고통 가운데 있더라도

우리가 때로 고통 가운데 있더라도
절망하지 않게 하소서.

그 고통을 통해 오히려
우리의 신앙과 삶이 한층 더 성숙하게 하소서.

우리가 당하는 고통이
이 세상의 고통받는 다른 이들에게
깊은 관심과 애정을 갖는
아름다운 통로가 되게 하소서.

믿음을 잃지 않게 하소서

주님!
제 생각대로 이루어지지 않아도
주님 사랑을 의심하지 않게 하소서.

역경이 닥쳐와 희망이 사라질 때도
주님께 대한 믿음을 잃지 않게 하소서.

주님!
밤이 어두울수록 길잡이가 필요하듯
험한 세상 살아가는 동안
주님께 대한 믿음을 잃지 않게 하소서.

당신의 뜻을 깨닫게 하소서

주님!

재난이 닥칠 때,
그것을 통해 드러나는
당신의 뜻을 깨닫게 하소서.

그 속에서 영광에 싸여
오시는 당신을 보게 하소서.

그 날과 그 시간을 알려고 애쓰기보다
지금 저에게 주어진 시간을
충실히 살게 하소서.

헛된 망상과 아집을 떨쳐버리고
현재에 충실하게 하소서.

외로움 중에 드리는 기도

예수님, 나의 주님,
나를 따뜻이 위로해주소서.
낯선 땅에 살면서 당신을 갈망하는
이들을 찾아주소서.
당신 없이 죽어가고 있는 이들,
이미 죽은 자들도 찾아주소서.

예수님, 나의 주님,
당신을 핍박한 자들도 찾아주소서.

주 예수님,
당신은 어둠 속을 비추는 나의 광명,
추운 겨울날을 녹이는 나의 온기,
슬픔을 이기게 하는 나의 행복이십니다.

유혹에 직면할 때의 기도

오 거룩하신 주님!
저희로 하여금 죄의 유혹에서 멀어지게 하시어
언제나 참다운 삶의 길로 걸어가게 하소서.

유혹을 이길 수 없을 때에는
도망가는 발이라도 주십시오.

목숨을 바치는 것만이 순교가 아니라
매일매일의 삶을 바치는 것도 순교이듯이

저희가 하찮은 일에서도
영적 건강을 지키게 하소서.

고난을 딛고 승리할 능력을 얻기 위한 기도

하느님!
저는 놀랄 만한 일이나
영웅적인 행동을 바라지 않습니다.
단지 고난을 이겨내기를 바랄 뿐입니다.

저를 위해 많은 일을 할 수 있는
사람들이 있지만
그들의 도움도 아무런 소용이 없을 때가 있습니다.

짜증내지 않고
원망하지 않고
눈물과 자기 연민에 빠지지 않고
어려움을 견딜 수 있는
훌륭한 믿음의 용사가 되게 하소서.

저를 도우셔서
한계에 이르거나
그것에 부딪혀 좌절하지 않게 하소서.

실직한 부두 노동자의 기도

항구에는 배들이 가득 차 있습니다.
그러나 제가 할 일은 아무것도 없습니다.

어떤 이들은 친구와 함께 어울리고
어떤 이들은 돈을 세며 위스키를 마십니다.
그러나 저는 우두커니 서 있을 뿐입니다.

사랑의 하느님,
아내와 아이들의 먹을 것을 위해
제가 항구에서 일할 수 있도록 도와주소서.
주일 헌금 바구니에 돈을 바칠 수 있도록
저에게 일을 주소서.

선하신 예수님,
주께 기도합니다.

나의 기도

나는 묶인 환경을 풀어달라 기도했으나
하느님께서는 나의 묶여 있는 심령을 풀라 말씀하셨네.

나는 내 앞을 가로막고 있는 장애물을 치워달라 기도했으나
하느님께서는 장애물을 돌파할 수 있는 능력을 구하라 하셨네.

나는 눈앞에 닥친 문제를 붙잡고 씨름했으나
하느님께서는 내 인생 전체를 다루시겠다 말씀하셨네,

나는 내 뜻이 이루어지지 않음을 슬퍼했으나
하느님께서는 주님의 뜻을 구하지 않음을 슬퍼하라 하셨네.

나는 언제 하느님의 뜻대로 구하는 자가 될까?
나는 언제쯤 주님의 심정으로 기도하는 자가 될까?

12

감사

하느님의 선물들을 기억합니다

나는 하느님의 선물들을 기억합니다.
축복의 구세주여,
저에게 좋은 것들을 주셔서 감사합니다.

제가 먹는 음식을 주시니 감사합니다.
제가 입는 옷을 주시니 감사합니다.
제가 좋아하고 배우는 사람들을 주시니 감사합니다.

무엇보다 제가
당신을 섬기게 하시니 감사합니다.

생일날의 기도

사랑하는 하느님,
오늘은 제 생일입니다.

제가 살아 있음에,
볼 수 있는 눈과 들을 수 있는 귀가 있음에,
말할 수 있으며 생각할 수 있음에,
손과 발이 있으며
제가 홀로 있지 않음에 감사드립니다.

하느님께서 제게 모든 것을 주셨습니다.
기쁨으로 감사드립니다.

어느 병실에 걸린 시

주님!
때때로 병들게 하심을 감사합니다.
인간의 약함을 깨닫게 해주시기 때문입니다.

가끔 고독의 수렁에 내던져주심도 감사합니다.
그것은 주님과 가까워지는 기회입니다.

일이 계획대로 안 되게 틀어주심도 감사합니다.
그래서 나의 교만을 반성할 수 있습니다.

아들, 딸이 걱정거리가 되게 하시고
부모와 동기가 짐으로 느껴질 때도 있게 하심을 감사합니다.
그래서 인간된 보람을 깨닫기 때문입니다.

먹고사는 데 힘겹게 하심을 감사합니다.
눈물로써 빵을 먹는 심정을 이해할 수 있기 때문입니다.

불의와 허위가 득세하는 시대에 태어난 것도 감사합니다.
하느님의 의가 분명히 드러나기 때문입니다.

땀과 고생의 잔을 맛보게 하심을 감사합니다.
그래서 주님의 사랑을 깨닫기 때문입니다.

주님!
감사할 수 있는 마음을 주심을 감사합니다.

어느 무병 병사의 감사 기도

미국 남북전쟁 때

주님, 저는 출세를 위해 당신께 힘을 구했으나
당신은 순종을 배우도록 저에게 연약함을 주셨습니다.

주님, 저는 위대한 일을 하고자 건강을 원했으나
당신은 그보다 선한 일을 하도록 저에게 병고를 주셨습니다.

주님, 저는 행복을 위해 부귀를 청했으나
당신은 지혜로운 자가 되도록 저에게 가난을 주셨습니다.

주님, 저는 만민으로부터 우러러 존경받는 자가 되려 명예를
구했으나
당신은 저를 비참하게 하시어 당신만을 바라보게 하셨습니다.

주님, 저는 삶의 즐거움을 위해 모든 것을 소유하고자 원
했으나
당신은 모든 사람에게 즐거움을 주는 삶으로 인도해주셨습
니다.

주님, 비록 제가 당신께 기도한 것은 하나도 받지 못했다 하

더라도
　당신이 저에게 바라시는 모든 것을 주시었으니
　주님, 참으로 감사를 드립니다.

감사 기도

주님, 감사합니다.

고통을 체험하지 않았다면
역경과 질병을 체험하지 않았다면
좌절을 맛보지 않았다면
당신을 찾으려 하지 않았을 것입니다.

주님,
저의 아픔을 통해
다시 한 번 또 당신을 찾았습니다
당신이 이끄시는 대로
놀라우신 당신 섭리에
저를 온전히 내맡기며
항상 당신의 은혜에 감사하는 마음으로
살아가게 해주십시오.

13

헌신과 봉사

종이의 기도

나는 종이에 불과합니다.
그러기에 짓밟혀도 좋습니다.
구겨버리고 찢어버리고
쓰레기가 되어도 좋습니다.

다만 여기,
한 장의 종이를 통해
복음을 전할 수만 있다면,
당신이 예수 그리스도를 만날 수만 있다면,
그래서 하느님의 자녀 되는
권세를 누릴 수만 있다면,

내 자신은 휴지 조각이 되어 사라질지라도
그것으로 나는 행복합니다.

주님, 이 세상에선

주님,
모두 높아지려고만 하는 세상에서
저만 홀로 낮아지기란 정말 힘겹습니다.
모두 잠든 세상에서
저만 홀로 깨어 있기도 괴롭습니다.
그저 남들이 살아가는 대로
시류(時流)에 몸을 맡기고 싶은 마음도 간절합니다.
당신을 주인으로 모시기보다는
세상의 종이 되기가 훨씬 수월할 것 같습니다.

주님,
지금은 밤이 깊어도
이 세상의 주인이신 당신이 곧 오신다는
믿음과 희망을 잃지 않게 하소서.
그 기다림이 아무리 힘들어도
결코 두 주인을 함께 섬기지 않는
슬기롭고 충직한 종이 되게 하소서.

이웃을 위해 드리는 기도

용기 잃은 이웃, 고통당하는 이웃을
따스한 마음으로 격려하게 하소서.
이웃에 대한 우리의 선한 관심이 꺼지지 않게 하시고
우리의 호의가 이웃의 격려가 되게 하소서.
이웃을 비판하고 비난하기보다
그들이 지닌 선을 인정하고 칭찬할 줄 알게 하소서.
의심하며 방황하는 이웃을 탄탄한 길로 인도하고
좌절한 이웃에게는 희망을 심어주게 하소서.
고뇌하고 시련 겪는 사람들이 힘을 얻도록 돕게 하시고
쉽게 변하는 마음을 격려하며
부서진 마음에 열의를 불어넣을 수 있게 하소서.
우리 마음에 참 열성을 부어주시어
기쁨에 넘친 희망을 주위에 뿌리게 하소서.
우리 마음에 하느님을 신뢰하는 낙관주의가 깃들고
이웃에게 열의와 활력을 전하게 하소서.
이웃을 소중히 여기는 마음을 길러주시고
이웃이 마음을 열고 능력을 키워가도록 돕게 하소서.

식사 기도

지금 여기 이 밥과 한 몸이 되게 하소서.

이 밥이 우리에게 먹혀 생명을 살리듯
우리도 세상의 밥이 되어 세상을 살리게 하소서.

한 방울의 물에도 천지(天地)의 은혜가 스며 있고
한 톨의 곡식에도 만인의 땀이 담겨 있으니
감사한 마음으로 먹게 하소서.

우리의 가난한 이웃을 기억하며
식탐하지 말게 하소서.

우리의 밥이 되어 우리를 살리신
예수 그리스도의 이름으로 기도 드립니다.

세상에 당신의 빛 밝히게 하소서

그 옛날 순교자들처럼
주님
나
일상에서 거짓된 나 죽게 하시고
참된 나 살게 하소서.

가져도 가져도 지칠 줄 모르는 탐욕을
매질하여 주시고
느닷없는 시기와 미움과 분열을
사랑과 평화로 족쇄 채워주소서.

형제들에 대한 무관심과 저 자신의 오만에
목마르게 하시고
아집과 편견과 독선에
굶주리게 하소서.

날마다 거짓된 나로부터 죽게 하시고
참된 나로 풍요로워지게 하소서.
당신과 하나 되게 하소서.

그 옛날 순교자들처럼
사랑과 평화로
세상에 당신의 빛 밝히게 하소서.

아름다운 손

넘어진 친구를 위해 내미는 손
그 손은 아름다운 손입니다.

외로움에 허덕이는 사람을 위해 편지를 쓰는 손
그 손은 아름다운 손입니다.

하루 종일 수고한 아버지의 어깨를 주무르는 손
그 손은 아름다운 손입니다.

낙망하고 좌절한 이에게 내미는 격려의 손
그 손은 아름다운 손입니다.

사랑하는 사람이 흘리는 눈물을 닦아주는 손
그 손은 아름다운 손입니다.

나 아닌 남을 위해 눈물 흘리며 기도하는 손
그 손은 아름다운 손입니다.

그 아름다운 손은 지금 당신에게 있습니다.

14

하루의 기도

새로운 선물 보따리

창조주 주님,
당신의 새로운 선물 보따리를 받아 안고
오늘 하루를 시작합니다.
언제나 저의 더 큰 선을 바라시는 당신께서
오늘도 저를 위해 마련하신
일상의 갖가지 기적을 볼 수 있는 마음을 허락하소서.

당신께서 저를 태초에 지으실 때 가지셨던
그 사랑을 오늘 제 안에 심어주시고,
모든 것 안에서 당신의 뜻을 먼저 헤아리게 하소서.

주님,
당신께서 제게 약속하신
믿음, 소망, 사랑의 열쇠로 제 삶을 열겠나이다.

오늘을 위한 기도

오 하느님,
오늘 우리를 도와주소서.

주님께 충심으로 봉사하고
바쁜 일과 중에 우리의 일을 슬기롭게 행하고
남몰래 남에게 도움을 주고
맛있게 식사하고
신중하게 앉아 있고
절도 있게 일어서고
친구들을 즐겁게 해주고
즐거운 마음으로 잠자리에 들어
편히 잠들 수 있게 하소서.

오늘 하루를 위한 기도

사랑이신 당신이여.
항상 깨어 살기가
생각보다 쉽지 않습니다.

제가 보고 듣고 말하는 것을
깨끗하고 순수하게 해주시기 바랍니다.

하루 종일 말없이 매달려 있는
당신의 십자가를 바라보면서,
용서하는 마음을 허락해주시기 바랍니다.

하루를 성실히 살게 하소서

하루를 성실히 살게 하소서!

어제에 대한 미련과 향수
내일에 대한 두려움과 막연한 기대보다,
지금 이 자리에서
오늘 하루를 성실히 살게 하소서!

저에게 선물로 주신
오늘 하루의 도화지를
성실하게 최선을 다하여
아름답게 그리게 하소서!

하루를 시작하는 기도

주 예수여,
지난밤을 무사히 지내고
새 아침을 맞게 하시니 감사드립니다.
새벽부터 해질 때까지
당신 은총이 저와 함께 하시며
저의 이웃, 친지들과도 함께 하소서.
새롭게 시작한 이 하루 중에
저를 모든 죄악에서 보호하시고,
착한 의지와 바른 정신으로
선을 행하게 하소서.
우리가 살고 있는 이 세상에
당신 왕국의 평화를 내려주시고,
석양이 지는 저녁 하늘을 바라보며
고요히 머리 숙여 당신께 감사드리는
하루가 되게 하소서.

눈뜨게 하소서

눈뜨게 하소서
밝게 하소서
깨끗하게 하소서
자유롭게 하소서

하루의 즐거움을 주시고
일생의 꿈을 성취하는 과정에 기쁨을 주소서

겸손한 하루

매일매일 겸손한 하루가 되게 하소서.
동료들의 허물과 약점 때문에
우월감을 갖지 않고
그들의 과실을 덮어주며
그들의 뛰어난 점들을 사랑하며
그들의 덕행을 격려하며
그들의 부족을 도와주며
그들이 잘되는 것을 기뻐하며
그들의 어려움을 불쌍히 여기며
그들의 우정을 받아들이고
그들의 불친절을 너그럽게 보아주며
그들의 악의를 용서하고
종들의 종이 되며
그리고 가장 낮은 사람들 중에
가장 천한 직분을 행함으로
자신을 낮추게 하소서.

아침 기도

사랑의 하느님,
모든 아름다운 피조물과
당신이 우리에게 베푸신 모든 선한 것이
당신 것입니다.

이날 우리가
당신 이름에 기대어
즐거운 마음으로 전진하게 도와주소서.

오늘 하루를
당신과 우리 이웃을
섬기는 일에 사용하게 하소서.

아침의 기도

하느님,
저를 사랑으로 지으시고
영혼과 육신을 주시어
주님만 섬기고 사람을 도우라고 하셨나이다.

저는 비록 죄가 많지만
주님께 받은 몸과 마음을 오롯이 도로 바쳐
찬미와 봉사의 제물로 드리오니
어여삐 여겨 받아주소서.

저녁에 드리는 기도

하느님 아버지,
오늘 저는 말이 너무 많았습니다.
위로의 말보다 책망의 말
감사의 말보다 불평의 말
사랑의 말보다 미움의 말을 했습니다.

그러면서도
내 말이 가장 중요한 것처럼
남의 말의 허리를 성급히 자르고 말았습니다.

주님,
남의 말을 들을 줄 아는
겸손한 자세와 열린 귀를 주시고,
침묵을 통해 말할 줄 아는 지혜를 허락하소서.

저녁 기도

자비로우신 하느님 아버지,
하늘의 천사와 성인들이
당신께 끊임없이 찬미 드리는 이 시간에,
지상에 있는 당신이 사랑하는 사람들에게는
새날을 위해 쉴 수 있는
편안한 밤 시간을 주셨습니다.

당신 이름이 거룩하신 것처럼
이 시간을 거룩하게 하시고,
우리의 영혼과 몸이 새 힘을 얻게 하십시오.

예수님,
오늘밤에도 당신 뜻에 따라
어떤 영혼들은 이 세상을 떠나,
당신께서 사랑하는 사람들을 위해
준비해두신 영원한 아버지의 집으로
돌아갈 것입니다.

당신이 사랑하는 그들이

이 세상의 고통에서 온전히 벗어나
당신 품에 안겨
영원한 안식을 누리게 하소서.

15

가족 기도

부모의 기도

주님,
가진 것은 없지만
자녀에게 줄 것이 있습니다.
온화한 미소입니다.

주님,
가진 것은 없지만
자녀에게 줄 것이 있습니다.
상냥한 말과 친절입니다.

주님,
가진 것은 없지만
자녀에게 줄 것이 있습니다.
기쁨 속에 사는 모습입니다.

주님,
가진 것은 없지만
자녀에게 줄 것이 있습니다.
분수에 맞는 검소한 삶과

기도의 모습입니다.

주님,
가진 것은 없지만
자녀에게 줄 것이 있습니다.
소망과 이상입니다.

주님,
가진 것은 없지만
자녀에게 줄 것이 있습니다.
서로 사랑하는 모습입니다.

사랑의 주님,
이것이 저희가 자녀들에게
물려줄 유산임을 명심하여
실천할 수 있도록 도와주소서.

자녀를 위해 드리는 기도

나를 고쳐주소서.

가끔 자녀를 나의 투자 대상으로 여기는 착각을,

내 삶을 자녀에게서 보상받으려는 유혹을,

'다 너를 위한 것'이라고 하면서 궁극적으로 자신을 위했던 이기심을.

그래서 그들이 내게 속해 있지만 내 것이 아님을 깨닫게 하소서.

부모로서의 권리보다는 의무로,

자녀의 성장보다 내가 먼저 성숙해짐으로 그들을 훈계하게 하소서.

그들을 이끌어주되 강요하거나 협박하지 않고

그들을 돕되 대가를 기대하지 않으며

그들이 누릴 수 있는,

실패할 수 있는 자유와 선택할 수 있는 권리를 빼앗지 않게 하소서.

그들의 슬픔과 기쁨을 가볍게 여기지 않으며

그들의 성공과 실패를 과소평가하지 않고

그들의 하찮은 질문과 사소한 행동방식에도 진지하게 반응
하며

매사에 그들을 존중함으로 존경받는 어른이 되게 하소서.

그래서 유명한 사람이 아니라 유능한 사람,

일류의 사람이 아니라 유일한 사람으로

우리 자녀들이 자라나게 하소서.

자녀를 위한 기도

나의 하느님, 나를 잊지 말고
기억하시어 복을 내려주십시오.

하느님 아버지,
저희 자녀들이 자라고 살아가면서
좋은 친구
좋은 선생님
좋은 영적 지도자
좋은 배우자를 만날 수 있도록 도와주십시오.

우리 자녀들이 자기를 밀알처럼 썩혀
다른 사람을 성공시키는
좋은 지도자가 되게 축복하시고,
이 세대와 오는 세대에 좋은 영향을 끼치고
하느님 품안에 늘 안길 수 있도록 지켜주시고
함께 하여 주십시오.

아이가 공부를 잘하길 바라며 바치는 기도

지혜의 주님
천지 만물을 지혜로 창조하시고
당신의 놀라우신 분별력으로
만물의 질서를 세우신
주님, 찬양 받으소서.

세상의 지식과 인생의 지혜로움을 깨우쳐가는
제 아이가 열정과 집중력을 지니고
모든 것을 배우게 하소서.

스스로 공부할 줄 알며
시간을 잘 분배해
성실하고 책임감 있게 공부하게 하소서.

하나를 배우면 열을 알게 하시고
배운 것을 충분히 응용하며
학업에 즐거움을 느끼게 하소서.

부모님을 위한 기도

저희에게 세상에서
가장 귀한 부모님을 허락하시고
그 부모님을 통해
생명 주심을 감사드립니다.

부모님의 해산의 아픔과
기르시는 수고의 희생을 먹고
오늘 이 자리에
이르게 하심도 감사드립니다.

어려서는 품에 안아 길러주셨고
자라서는 혹시 그릇된 길로 나갈까 봐
마음 졸이며
사랑으로 기다리셨던 부모님!

자식이 울 땐 같이 울어주셨고
자식이 웃을 땐 함께 웃으며 기뻐하시며
평생을 자식 사랑에 바친
부모님을 주셨음을 감사드립니다.

한평생 자식 위해 모든 것을 주셨기에
이제는 더 줄 것이 없어
가슴 아파하며 눈물지으시는
부모님을 축복하여 주소서.

이제 부모님의
믿음과 사랑을 배우게 하시고,
부모님의 뜻을 받들어 이 세상에서
빛이 되는 사람이 되게 하소서.

부모님의 남은 생을 축복하시어
영육의 강건함을 허락해주시고,
자식들로 인하여 눈물 흘리시는 일이 없도록
최선의 공경과 효도로
기쁨을 안겨드리는 자녀 되게 하소서.

부모를 공경하게 하소서

가나의 젊은 기독교인

주여,
당신의 사랑으로
내 부모를 지켜주소서.

주여,
그들을 축복하시고
지켜주소서.

주여,
그들에게 부와 건강을 주시고
장수를 누리게 하시며,
저로 하여금 그들을 공경하게 하소서.

16

삶과 죽음을 묵상하는 기도

인생의 출발점에 서서

사랑하는 주님,
인생의 출발점에 서서
나는 간절히 두 가지를 알고 싶습니다.

내가 누구이며,
내 평생에 당신께서 내게 무엇을 원하시는지
지금 알고 싶습니다.

가르쳐주실 수 없습니까, 주님?

어부의 기도

주님,
제가 죽는 날까지
물고기를 잡을 수 있게 하소서.

마지막 날이 찾아와
당신이 던진 그물에 내가 걸렸을 때
바라옵건대,

쓸모없는 물고기라 여겨
내던져짐을 당하지 않게 하소서.

종착역에 가까이 갈수록

하느님,
제가 바라는 것은 오직
죽는 그 순간까지 당신을 사랑하는 것.

주님,
당신께 청하는 오직 한 가지 은총은
영원토록 당신을 사랑하는 것.

하느님,
매 순간 당신의 사랑을 이야기하고
숨 쉴 때마다 제 마음에
그 사랑 되새기게 하소서.

거룩하신 구세주여,
저를 위해 십자가에 못 박히셨으니
당신을 사랑합니다.

하느님,
종착역에 가까이 다가갈수록
제 사랑이 더욱 커지도록 은총 주소서.

무엇을 챙길 것인가?

주여,
마지막 그날에
제가 꼭 챙겨야 할 것은 무엇입니까?

설마 사람들이 생명보다
귀히 여기는 통장과 패물,
혹은 어떤 문서들이 아니기를 소원합니다.

마지막 그날에
불에도 타지 않을
저의 보물은 오직 당신뿐이오니,

늘 당신의 이름을 의지하고,
늘 당신의 이름이 드러나는
삶이 되기를 소원합니다.

영화관에서

오랜만에,
정말 오랜만에 극장에 갔습니다.
불이 꺼지고 영화가 시작되어
웃기도 하고 울기도 하다가
대단원의 막이 내렸을 때,
주인공에게 감동을 받은 사람들은 모두 일어나
박수를 치기 시작했습니다.

불이 켜지고
박수를 치던 사람들이 하나 둘 돌아가버려
텅 빈 객석에 홀로 남게 되었을 때,
나는 문득 이런 생각이 들었습니다.
'내 인생이 끝나고 막이 내리면
누가 나의 인생을 위해 박수를 쳐줄 것인가.'

주님, 당신이십니까?

어느 노인의 기도

병든 이 몸을 받아주시는 주님,
감사합니다.

외로움을 잊게 하시고
회심의 눈물을 닦아주시니
굽어진 마음이 평온합니다.

할 일 많은 세상
늙은 이 몸,
그래도 할 일을 남겨주시니
삶의 믿음이 더욱 깊어갑니다.

주님,
고맙습니다.
사모합니다.

시한부 삶을 사는 어느 환자의 기도

아아, 내가 조금만 더 살 수 있다면
이제는 거짓말하지 않고 세상을 정직하게 살 거야.

아아, 내가 조금만 더 살 수 있다면
탐욕스럽게 긁어모으지 않고
필요한 사람들에게 나눠주며 살 거야.

아아, 내가 조금만 더 살 수 있다면
미워하고 싫어하던 사람에게 용서를 빌고
평화롭게 살 수 있을 텐데.

아아, 내가 조금만 더 살 수 있다면
세상을 정복하려고 바쁘기보다는
하늘과 산과 바다를 바라보며 살 거야.

아아, 내가 조금만 더 살 수 있다면
사랑만 하고 살 텐데.
사랑만, 사랑만 할 텐데.

사랑하며 살기에도
너무 짧은 인생이었다는 것을 모르고,
나는 너무 어리석게
내 인생을 마치게 되었어.

엮은이 **정연복**

연세대학교 영문학과와 감리교 신학대학교 대학원을 졸업하고 현재 한국기독
교연구소 편집위원으로 있다. 『함께하는 예배』(1990), 『오늘 우리에게 예수는
누구인가?』(1991), 『가난한 사람의 눈으로 읽는 성서』(1995), 『아름다운 사람 아
름다운 신 예수』(1999) 등의 저서를 비롯하여 『신비주의 신학』(2000), 『냉전과
대학』(2001), 『건강불평등: 사회는 어떻게 죽이는가』(2004), 『아메리카, 파시즘,
그리고 하느님』(2007), 『지상의 위험한 천국』(2012), 『제국의 그림자 속에서: 신
실한 저항의 역사로서 성서 새로 보기』(2014) 등의 번역서를 냈다.

이름 없는 이들의 기도 모음집

ⓒ 정연복, 2014

엮은이 ∣ 정연복
펴낸이 ∣ 김종수
펴낸곳 ∣ 도서출판 시인사
편집 ∣ 조인순

초판 1쇄 인쇄 ∣ 2014년 12월 25일
초판 1쇄 발행 ∣ 2014년 12월 30일

주소 ∣ 413-120 경기도 파주시 광인사길 153 한울시소빌딩 3층
전화 ∣ 031-955-0655
팩스 ∣ 031-955-0656
홈페이지 ∣ www.hanulbooks.co.kr
등록번호 ∣ 제406-2003-000050호

Printed in Korea.
ISBN 978-89-85032-25-4 03230

※ 책값은 겉표지에 표시되어 있습니다.
※ 시인사는 도서출판 한울의 계열사입니다.